Sara Teasdale

Merta olen rakastanut

Käännös: Harri Huttunen

Kustantaja: BoD - Books on Demand, Helsinki, Suomi
Valmistaja: BoD - Books on Demand GmbH, Norderstedt, Saksa
ISBN: 978-952-801-904-6

Unohtukoon

Unohtukoon kuin kukka
kuin kirkkaana raivoava tuli
Unohtukoon ainiaaksi
aika on ystävämme, meidät vanhentaa

Jos kysytään, sano unohdettu on
kauan, kauan sitten
kuin kukka, tuli, kuin askeleet
lumessa menneen talven

Coney Island

Miksi toit minut tänne,
hiekka lumesta valkoinen on
aurinkosuojien alla
talven tuuli käy lohduton
suojaa ei täällä missään
tule, päästä jo lähtemään

Jäätyneen vaahdon paulaan
meri hiekkaa pakottaa
tuuli kuin koura
kasvoihin lyö ja lyö vaan
Ovet avattiin kesäkuussa
aikaa sitten jo suljettiin
niitä turhaan temmotaan
Tätä murhetta meidän,
toista kevättä ei tule milloinkaan
tule, päästä jo lähtemään

Tulevat lempeät sateet

Tulevat lempeät sateet, tuoksuu maa
pääskyjen äänet taivaallaan

yöllä sammakot lammessa kurnuttaa
villiluumut on valkeissa kukissaan

punarinta koreissa höyhenissään
aidalla kujeillen visertää

vaan sodasta mikään, ei yksikään
tiedä, ei välitä tietääkään

Linnut ja puut vähät välittää
kun ihminen täältä häviää

kevät kun aamuun herää
tuskin muistaa meitä enää

Sydämeni on raskas

Sydämeni on lauluista raskas
kuten hedelmät pensasta taivuttaa
en yhtäkään sinulle antaa voi
eivät lauluni kuulu minullekaan

Silti illalla kun hämärtää
ja korennot ilmassa käy
jos hedelmä yössä putoaa
ota se, ei kukaan tietää saa

Talvinen auringonlasku

Näen kun kirkas iltarusko
puut jäiset hunnuttaa
heikosti oksat helisee
kiteiden melodiaa
Hopeiset kuuset taipuu
lumi ne hiljentää
lännessä tähti syttyy
kaksi ylhäällä kajastaa
Hetkeksi saatoin unohtaa
sodat ja naisten surun
ajattelen äitiäni
ja kiitän häntä vaan

Illalla

Tänä iltana silmät suljen ja nään
kumma joukko kulkee ohitse hämärään
nuo vuodet ennenkuin kohdattiin
ohi käyvät haikeassa loistossaan
ohitseni käyvät, ujot herkät vuodet
kuin joku tahtoisi tanssimaan,
silmät kyyneleitä tulvillaan
Ne vuodet menneet ei tienneetkään
niistä jokainen meitä lähentää
polut kaidat ja kaukana toisistaan
kuitenkin luoksesi johdattaa
Nuo ujot herkät vuodet,
vuodet yksinäisyyden
jotka laulaa tahtoo läpi kyynelten

Riittää

Päivällä minulle riittää kun
samassa valossa käydä saan
yöllä riittää kun yllämme
samat tähdet heijastaa

En välitä suitsia tuulta
kahlita mertakaan
riittää kun tämän rakkauden
lailla musiikin tuntea saan

Velkaa

Paljonko velkaa sinulle jäin
kun pitkään ja syvästi rakastit?
Siipeni pidit supussa aina
ja sydämeni laulua vailla
Mutta oi, että mä rakastin
ja sinä et ollenkaan
jään velkaa portin pienen avoimen
joka taivaaseen johdattaa

Ei minulle

Huhtikuun ihana hiljainen ilta
pensaat kaikki kukkineen
rauha hiipii joka paikkaan
ei minulle vaan

Minun rauhani on hänen rinnassaan
johon koskaan en jäädä saa
tänä iltana kaikki rakkauden saa
ei minulle vaan

En välitä ollenkaan

Kuoltuani huhtikuu kirkkaudessaan
ravistaa päälläni sateesta märkiä hiuksiaan
et kumarru puoleeni sydämin murtunein
en välitä ollenkaan
Olen rauhassa kuin puut lehtineen
sade oksia taivuttaa
olen vaiennut kokonaan kylmin sydämin
enemmän kuin sinä milloinkaan

Huuto

On, on silmät jotka näkee hän
ja kädet joihin kädet kietoutuu
mutta minä rakkaalleni tulen olemaan
ääni vaan

On, on rinnat joille päänsä painaa saa
ja huulet joita haluaa
mutta minä loppuun elämän
huuto vaan

Hetki

Jo hetki lähtöni jälkeen
jään musiikkiin elämään
meren kuohu kantaa rantaan
aallot mereen katoaa

Ne päivät ja yöt hetken koskee
laulut hauraassa kuohussaan
elävät valossa hetken
ja kotiin tyhjyyteen katoaa

Kevät

Keskuspuiston rakastavaiset
joka polulla seisahtaa
usko loppumattomaan rakkauteen
kruunaa sieluaan
Me kyyniset ja viisaat
käymme polkua erillään
teet piloja jotka koittaa
sydämes piilottaa
Antaudu, tarpeeksi naurettu on
rakkain hupsu ystäväin
miksi rakkautta vastaan sotia
kun lopulta häviää?

Yön koittaessa

Emme koskaan tule kulkemaan
kuten kahdestaan kuljettiin yössä
lumi oli uudenvalkeaa
piteneviä varjoja seurattiin
kadun keltaisten valojen vyössä

Emme koskaan tule kulkemaan
kanssasi hitaasti kahden
kun liikkeellä ei ole muita
keväällä puisto on kauneimmillaan
kasteessa keskellä yötä

Istun ja mietin kaikkea tätä
hämärtyy kesäkuun sininen ilta
aukion kellot lyövät
pihalla piano soi
ja tähdet tulevat esiin

Tunnelma

Olen hiljaa lankeava sade
väsynyt iloa laulamaan...
kutsukoon vihreät niityt
tulen luoksesi maa!
Olen kaipaava metsän lintu
joka pesästään ajetaan
ole uusi loistava pilvi
ole taivas minulle vaan!

Toukokuun päivä

Autojen kiiltävä jono
bussit huojuessaan
hevoset korskuen tanssii
ja meidät ohittaa
Aurinko kultaa kirkon
jäämme leikkejä katsomaan
ihmiset nauraen meidät ohittaa
kaikki on meille vaan
'Sinua rakastan, rakastan sinua vaan!'
'ja minä sinua rakastaa saan...!
'Kaikki myyjättären liljat
ovat kasvaneet sinulle vaan!'
Huhtikuun 5. Avenue
rakkaus ja huolettomuus
musiikkiin maailma hukkuu
kestämättömän kauniiseen.

Kaipuu

En sure sieluani
sen täytyy pettyneenä vaeltaa
sillä tuhatkertaisesti se elää saa
iäisyys ei pääty milloinkaan
En sure sieluani
mutta ruumiini käydä saa
tomuun ohueen ajelehtimaan
vaikka iloa halajaa

Helmikuu

Rakkaastani puhuttiin
hauskasti, julmin sanoin
mun huuleni vaikeni
kaikesta minkä muuten sanoin
Kaiken kuulin ja kauempana
aukion yksinäiset puut
seisovat talven tuulessa
paljaana paikallaan
Kaiken kuulin... te mykät puut
alla tuulen tiesin sen
ahne kauhea kevät
piilossa teissäkin

Aamu

Ulos huhtikuun aamuun kävin
yksin, riemuisin sydämin
olin loistavan niityn lapsi,
tytär taivaan minäkin.

Tähän aamun tuulisen tulvaan
mun kaipuuni taakka jäi
kyynel keskeltä riemun
kuin pisara merelle ohjattiin

Muutos

Minut muistakaa kuten olin
nyt kääntykää pois, mutta nähkää
naurava hämärän tyttö
keskiyöllä alla kukkivan puun
silmät rakkaus valaisi kerran
kuin hennot tähdet kesätaivaalla
Nyt kääntykää pois, mutta kuulkaa
aamukasteessa vaimea nauru
sen yhden nuoruuden vuoden
ainoan mikä elettiin
Nyt kääntykää pois tai näätte
mitä muut vuodet tehneet on

Keväällä, Santa Barbara

Jo puolikuuta onnellinen ollut oon
rakkaani palaa kotiin
sää on kultaa ja hopeaa vaan
meri sinistä heijastaa
Maa on kuivuuden vihreään vaihtanut
kolme yötä satoi niin
laaksoissa nokkii ja sukii
peipot kirkkaanpunaiset
Ylhäällä vaarojen järvillä
yksinäiset joutsenet huutaa
mutta minä kuin kivi hiljaa oon
sydän huutaa vain murtuessaan

Rautatieasemalla

Alla räikyvän sähkövalon
mykkänä melskeessä seisotaan
kaikki rakkaudesta sanoa pitää
siihen sekunti annetaan

"Hyvästi!" "Hyvästi!"... käännyit pois
junan raskaasti lähtevän tunsin,
luulit minun itkevän, vaan ei
ne kyyneleet sydämeen jäi

Hyvitys

Tahdon yksinäisyydestä kiittää
aika siivin katkotuin käy
jano läheisen, väsynyt sydän
ja kipu yli kaiken sen

Yhden laulun voisin tehdä
ihanan valoa tulvillaan
kuin välähdys tähdenlennon
läpi talvisen yön

Tunnen tähdet

Tunnen tähdet nimeltä
Aldebaran, Altair
ja reitit joita ne kulkevat
taivaan leveillä radoillaan.
Salat ihmisten luetaan
heidän silmistään
synkät, oudot mietteet
minut surusta viisaaksi saa
Mutta sinun silmäsi tummat
kutsuu, kutsuu vaan
en tiedä rakastatko
vai etkö ollenkaan.
Paljon minä tiedän
mutta vuodet vaihtuu vaan
en tiedä mitä kaipasin
kun tulen kuolemaan

Ohra taipuu

Ohra taipuu
meren äärellä pellollaan
päättymättömästi
tuulessa ujeltaa

Ohra taipuu
ja nousee taas
niin minäkin, murtumaton
tuskasta nousen vaan

Saisinko hiljaisesti
joka hetkeen, päivin öin
tämän suruni vaihtaa
yhteen lauluun vaan

Sinililjat

Lukemattomat huhtikuut kulua sai
ennenkuin edes tiesin
kuinka valkoiset kirsikanoksat on
ja kuinka siniset liljat

Ja monet tanssivat huhtikuut
kun on täyttynyt elämä mun
nostavat kukkaan sinisen liekin
ja valkohehkuun puun
Oi, polta mut kauneutes kera
mua satuta kukka ja puu
jottei kuolema lopulta saa
tätä hetkeä kimaltavaa

Oi värisevät kukat, oi hohtavat puut
valon sininen valkoisuus
mua haavoita jotta viime unessakin
arpea sinusta kantaa saan

Maaliskuun päivänä

Tämän voittoisan tuulen kourat
maassa varjoja ravistaa
maan koskettimia iskee
pensaat suhisee, puut ujeltaa

Todista että elämää rakastin
kun loukattiin ja myös kun paranin
ja että tänään maaliskuussa vannoin sen
laidalla kukkivan niityn istuen

Sinä vain minut tunsit, kerro että olin iloinen
joka hetken syntymästä alkaen
ja kerro että pelkäämästä lakkasin
kun kaikin sitein maahan palasin

Aavikon altaat

Olen virta, liikaa rakastan
kevään kanssa kuohun kohti merta valtavaa
olen liian antelias
ei rakkaus kuohuistain jää nauttimaan

Hän kulkee autioille maille
varjottomille, kasteen ja sateen hylkäämiin
tähdet katsoo kovin kasvoin
armottoman siniseltä taivaaltaan

Keskiyöllä ahneudesta sairaana
hän intohimoon sukeltaa
jano kestämätön sammuu
veteen innokkaaseen, seisovaan

Saan rauhan

Saan rauhan ja tähdet loistaa
yllä lumisten kattojen
seesteinen aika alkaa,
voin levätä unohtaa
hiljaisuuden musiikkia pyhää,
tyyntä vaan

Oman tästä maailmasta laadin
yksinäisen mielen unelmin
löydän rauhan puhtaimman
tähdet ylläni tavoitan

Villiasterit

Päivänkakkarat keväällä kertoi
puhuiko totta hän
ja viisaat pienet kukat
aina tiesivät
Nyt ovat pellot paljaat, vailla hedelmää
syksy katkera puhaltaa
ja ne tyhmät kukat
ei mitään tiedäkään

Haudattu rakkaus

Mä riutuneen rakkauden hautaan
alle tuon puun
mustaan ja korkeaan metsään
tänne kukaan ei nää
Pääpuoleen en laita kiveä
en kukkaakaan
sillä suu jota rakastin kovin
oli katkeranmakea niin
Hänen haudalleen en käy enää
metsä niin kylmä on
Tulen keräämään kaiken ilon
minkä käteni kannattaa
Olen auringonpaisteessa aina
avariin tuuliin jään
mutta kuinka mä itken yössä
kukaan ei tiedäkään

Vuorovedet

Rakkauteni vuoroveden lailla virtaa
siellä missä merilinnut liitää
pärskeiden sumu terävässä valossa
korkealla kalliorannan yllä
Nyt hämärtää ja virtaus kääntyy
lokit matalalle jää
ja nuo kaihon vastustamattomat aallot
ei murrukaan

Rakkauden jälkeen

Ei ole taikaa kun tavataan
kuin kuka vaan me puhutaan
ihmeitä et mulle tee
en minä sulle.
Olit tuuli, minä olin meri
nyt loisto poissa on
olen innoton kuin lampi
meren äärellä.
Tämä lampi ei myrskyä nää
vuorovedet ei riko sen rauhaa
se katkerampi merta on
kaikessa rauhassaan

Kevään sade

Luulin jo että unohdin
mutta mieleeni nyt palaa
tänään kun kevään ensi ukkonen
ja sade raivoaa
Muistin pimeän eteisen
jossa seistiin kun myrsky kulki
ukkonen mukaansa otti maan
salamat taivaalle raapustaa
Linja-autot huojuen kulkee
kadulla sateen virtaa
katuvalot kultaa
pienten vihaisten aaltojen pintaa
Tässä hurjassa myrskyssä kevään
oli sydämeni villi ja iloinen
sinä iltana silmäsi kertoivat enemmän
kuin huulesi koskaan voi...
Luulin jo että unohdin
mutta mieleeni nyt palaa
tänään kun kevään ensi ukkonen
ja sade raivoaa

Jalokivet

Jos näkisin silmäsi taas
tiedän hetket joihin palaan
siihen aamuun puistossa
kun sininen hanki kiiltää
tai tammien luokse keväällä
kun avasit hiukseni, suutelit
tai kun pääni nojasin polviisi
oli puunlehtien varjosssa lilaa
Ja vielä paikka erityinen
muistamme harmaus kun vaihtui
huipulla vaaran, kuin pesässä
timantinkirkkaaseen aamuun
Mutta silmäni luotasi käännän pois
kuten naiset riisuessaan
sillä juhlien jälkeen korujaan
ei selvinpäin kanna kukaan

Tänä iltana

Kuu on kaareva kultainen kukka,
taivas on sininen, hiljaa
Kuu tehtiin taivaalla olemaan
minut sinulle vaan
Kuu on kukka vartta vailla
taivas itseään heijastaa
Ikuisuus niille tehty on
meille tämä ilta vaan

Laskuvesi

Pitkä päivä mennyt on
en kasvojasi nää
vanha, kahleeton suru
karkaa piilostaan
Päiväni murtunut, hedelmätön
ilman valoa, iloa on
Paljas tuulinen merenranta
valittaa, valittaa vaan
Laskuveden tyhjentämään rantaan
kivineen, arpineen paljaaseen
palaathan kuin meri laulaa
kera miljoonain tähtien

Unelmien talo

Otit tyhjät unelmani
kaikki ne täyttäen
jalolla hellyydellä
huhtikuun auringon
Vanhat tyhjät unelmani
joissa ajatusteni laumat käy
on niissä liikaa onnea
vain hiljaa laulaakseen
Ne tyhjät himmeät unelmat
jotka suuria oli niin
kuin ihanat varjoiset talot
joihin tunteeni piilotettiin
Sinä veit unelmani
ne kaikki toteutui
ajatuksilleni ei ole tilaa
ei mitään tehtävää

Tule

Tule kun kuu kalpean kukan lailla
kelluu, hehkuu kevään illassa
tule ojennetuin käsin minut ottamaan
tule huulin jotka janoaa

Tule sillä elämä on päiväperhon lento
joka menneisyyden verkkoon jää
ja pian me, niin innokkaat ja kuumat
kuin kivet harmaat nurmikolle jää

Keskuspuisto auringonlaskun aikaan

Rakennukset lehdettömien puiden yllä
kuin unen linnat korkealle kurottaa
kun valot sammuu yksi kerrallaan
ne katoavaa valon lankaa punoo vaan

Ei yhtään versoa, ei lehteä puun
kaiken yllä hiljaisuus
kuten naiset rakkautta odottaa
kevättä odottaa maa

Eron jälkeen

Olen rakkauteni laajaksi kutonut
hän kaikkialta löytää sen
hän yöllä siihen havahtuu
se ilmassa väräjää

Hänen eteensä varjoni laitan
kaipuun siivillä varustetun
se päivällä pilveltä näyttää
yöllä roihuna palaa vaan

Mozartmenuetti

Hämärän huoneen poikki
viulu sointukudosta vie
soinnut kevyet satuttaa
kullan sävyjä pimeyteen saa

Näen musiikin valoksi muuttuvan
mutta kun jousi pysähtyy
neulos hajoaa ja sen hehku
yön aaltoihin katoaa

Merellä

Tuulen paineessa seison yksin
laivan kansi nousee, laskee
ylläni villi yö, alla villi vesi
jota myrsky heittää, huutaa kutsuen
Vihamielinen maa, vihamielinen meri
miksi leposijaa etsin?
Taistella täytyy ja taistellen kuolla
pelon parantumaton haava rinnassaan

Rukous

Kun teen kuolemaa, mua muistuttakaa
että lumimyrskyä rakastin
vaikka iski se ruoskan lailla
Kaikkea kaunista rakastin
ja iskut kaikki yritin
ottaa hymyhuulin katkeroitumatta
Ja että kaikin voimin rakastin
kaiken sielustani annoin
ja vaikka sydän murtuikin
lauloin kuten lapset laulaa
kaikkeen sävelet sovitin niin
että elämää elämän vuoksi rakastin

Alkemiaa

Kevät sydämeni kohottaa
tuhatkaunokiksi sateeseen
sydämeni ihana malja on
täynnä tuskaa vaan

Kukka ja lehti kertoi tään
kauniisti väritä kaikki
niin tuskan ohdakkeet vaihtaa saat
kultaan oikeaan

Tähdenlento

Näin tähden taivaalta suistuvan
pohjoisen valaisten
liian loistava, nopea jäädäkseen
liian ihana ostaa tai myydä
toiveen sille voi tehdä vaan
sitten iäksi katoaa

Sumu

Taivaan korkuiset kukkulat ovat hukkuneet
sumuun valtavaan
leimu oveni edessä
kiedottu raskaaseen purppuraan

Lähelläni kova maa
hauraaksi pilveksi muuttuu
tuska ja ilo vaimenee
ei linnutkaan laula enää

Tämä maailma ilman taivasta
ilman maaperää, merta
minä, ainoa muuttumaton
jään minua lohduttamaan

Harjanteella

Harjanteen äsken taisin ohittaa
nyt laskeudun
kuin huomaamatta huipun ylittää
piikkipensaat hameenhelmaan käy

Koko aamun mietin kuinka ylpeästi voin
seistä täällä lailla kuningattaren
auringon ja tuulen syleilyssä yllä maan
mutta ilma harmaa on, vain vähän nähtävää

Alempana luona polun kuluneen
piikkipensaat helmassani taas
kääntymistä takaisin en edes mieti
kun loppu alamäkeä on vaan

Lumisade

'Ei hän onneton olla voi', sanoit
'tähdet loistaa silmissään,
ja naurunsa on kuin untuvaa
lomassa puheen'
'Onko hän onneton?', sanoit
kuka koskaan tietää
sydänsuruja toisen...
omansa tuntee jokainen
Hän selvästi vaikenee
vaikenee kuin sydän olisi
lumella tukahdutettu
talvisen metsän nuotio

Maapallon Majatalo

Täyteen Maapallon Majataloon saavuin
ja viiniä pyysin tuomaan
mutta isäntä vältellen ohi käy
kovimmankin janon

Uupuneena istahdin
ja pyysin palan leipää
mutta isäntä vältellen ohi käy
ei puhu mitään enää

Yöstä koko ajan
sielut kaipaavat sisään käy
ihastuksen vaimeita huutoja
kun kohtaavat melun ja valon

'Yösijan saanko?', kysyin
'kohta on keskiyö...'
mutta isäntä vältellen ohi käy
ei palaa luokseni enää

Ei siis ruokaa, ei yösijaa
palaan sinne mistä tulinkin...
mutta isäntä vältellen ohi käy
ja ulko-oven salpaa

Kellot

Kello kuusi syksyn illansuussa
lännen taivas ruosteenruskea
laakson lähetysaseman kellot lyövät
on päivä on päättynyt
Kuin kirkas teräs tuikkii ensi tähti
miksi minun kylmä on?
Kolme kelloa, kolme eri ääntä
uupuneesti kantaa laaksossa
Kellot Venetsian, kellot meren
raskaat, hitaat kellot laakson
ei ole paikkaa täydessä maailmassa
missä voin unohtaa että päivät kuluvat

Broadway

Tämä on se hiljainen hetki, teatterit
ovat täyttyneet mutta väsymättä
miljoonat valot hehkuvat vain muutamille
varastavat taivaan sen tähdiltä
Nainen nuhjuisissa turkiksissaan odottaa
outo mies ajelehtii ohi, vain me
kuljemme vapaina voimissamme
meille vanha taika säteilee

Loistavien valojen virrassa
on hetki hurman aikaa
ilta on meidän, tämä kaikista kultaisista illoista
jalkakäytävä on lumottu palatsin sali
nuoruus soittaa viuluaan
musiikkia avoimesta ovesta virtaavaa

Merta olen rakastanut

Merta olen rakastanut,
harmaita kaupunkeja
kukan haurasta salaisuutta
musiikkia, runoja kirjoittaa
ne minulle taivaan hetkeksi saa

Ensi tähdet lumisen kukkulan yllä
äänet viisaiden, hyvien ihmisten
ja kun katseet viimein kohtaa
silmät kauan piilotetun rakkauden

Paljon olen rakastanut ja rakkautta saanut
nyt kun mieleni on matalalla, harmaa
hiljaisuus ja pimeys mulle jättäkää
olen väsynyt ja valmis lähtemään

Runot

Poems